U0059484

孩童完全自救手冊⑤

這時候，你該怎麼辦？

—急救方法・危機處理備忘錄—

發行人 〉林敬彬
出版發行 〉大都會文化事業有限公司
登記字號 〉局版北市業字第89號
地址 〉台北市基隆路一段432號4樓之9(雙雄世貿大樓)
電話 〉(02)7235216(代表號)
郵政劃撥 〉第14050529號
戶名 〉大都會文化事業有限公司

文字編輯 〉王聖美・林敬婉・黃懿平
挿畫設計 〉林俊和
封面設計 〉林澄洋

美術編輯 〉維克特股份有限公司
電話 〉(02)9621124

中華民國85年元月初版
中華民國86年七月初版二刷

ISBN 957-992-940-8(套書・精裝)

孩童完全自救手冊⑤

這時候，你該怎麼辦？

－急救方法‧危機處理備忘錄－

大都會文化事業有限公司

序　文

災害預防及急難救助之應變能力，是現代社會中每個人應具備的知能，對於一個從未遭遇災害的人，是無法想像遇到災害時生死毫髮之間的無力感。

台灣地區隨著經濟的發展，雖然已邁入高度開發國家之列。但是意外災害在我們週遭環境經常會目睹其發生，其中有許多發生在充滿著童真——未來國家主人翁身上，實在令人感到萬分婉惜。

在即將邁入二十一世紀的社會中，個人以為應該讓全民對災害預防及急難救助的常識普及化，安全教育更應往下紮根，讓未來主人翁從小就能夠熟悉並瞭解面臨危機的處理方法，懂得如何保護自己，甚至在危急的時候還能幫助他人，救人一命。

欣聞大都會文化事業有限公司，編著一系列有關孩童安全教育的「孩童完全自救手冊」，內容包括小朋友在日常生活中可能面臨的突發狀況，其處理步驟及急難救助方法，深入淺出，頗有教育價值。相信這套書付梓可以讓社會上關心孩童安全教育的人士，提供安全正確的急難救助資訊，共同使國家未來的主人翁，生活得更快樂，國家更有希望。

台北市政府消防局
局長

序　文

個人自從接下女警隊隊長職務以來，便不遺餘力的推行保護兒童安全與婦女援助的計劃。但由於社會快速的變遷、生活與消費的習慣日漸改變，工商業社會與以往農業社會的景況已不復相同。以往只可能發生在大人身上的一些意外與刑事案件，隨著社會的變化亦可能發生在孩童身上，因此完整的孩童安全教育是勢在必行的。

欣聞大都會文化事業有限公司，此次特地編著了一系列有關兒童安全教育的「孩童完全自救手冊」來幫助孩童學習如何獨立與應付父母不在身旁時所發生的危難，經由這系列書籍的幫助，孩童可以明確的知道危機處理的明確步驟，讓它們知道如何保護自己和幫助別人。其實不論大人或小孩都應有危機處理的常識，突發狀況發生時成人們都可能手忙腳亂，更何況是成熟度不及大人的小孩呢！所以只有靠著熟悉危機處理的步驟，並保持冷靜的態度，必能化險為夷。

台北市政府警察局　女子警察隊

隊長　李莉娟

給小朋友的一封信

嗨！各位未來的主人翁你們好，生活是充滿驚喜與意外的。當你獨自一人在家時，隔壁卻失火了！這時候，你該怎麼辦？當你在上學途中遇到騷擾你的人！這時候，你該怎麼辦？你和同學在家裡玩時，同學卻吞下了硬幣！這時候，你該怎麼辦？

其實這些小常識，是平常爸爸媽媽或老師都會告訴你的，但當情況真正發生時，你卻可能一時驚慌而不知道處理的正確步驟，因而耽誤了時效性，而造成了一些令人遺憾的結局！我們相信，小朋友們是有能力做好危機處理的，只是缺乏一個有系統且專業的危機處理法則而已。

現在！你們可以不用耽心了！在孩童完全自救手冊──「這時候，你該怎麼辦？」這一系列書中，編者提供了七十多種危機處理的方式。當你在閱讀之前，你也許不知道原來日常生活中，會遇到如此多的突發狀況；但在閱讀過後，便會有一些如何處理的步驟在你心中浮現。在危機發生時，只要你能將心情保持冷靜，再依照書上所列的方法，按步就班去做，便能使你安然的度過每一次危機。

當你開始閱讀孩童完全自救手冊──「這時候，你該怎麼辦？」時，可以先想想看當你遇到相同情況時，你會怎麼做，然後再參考本書的各種處理方法，事後記得要跟家裡的人討論然後作記錄，這樣等你碰到相同情況時，你就不會手忙腳亂反而能夠反應迅速，將意外的傷害或災害損失減至最低，甚至救了自己一條小命哦！

致父母和師長的一封信

還記得麥考利克金所主演的〝小鬼當家〞嗎？在孩子的成長過程中，常常會經歷許多我們無法預料的突發狀況。當我們不在他們身邊的時候，遇到了一些危險的狀況，他們該怎麼辦？在這個工商業的社會，早就應該有一套完整的危機處理手冊，來幫助孩子們學習如何化解日常生活中所面臨的突發狀況。

而我們出版孩童完全自救手冊──「這時候，你該怎麼辦？」這一套書的主旨，正是針對在大人來協助之前，讓孩童學習自己解決問題，不僅可以讓他幫助自己，也可以幫助別人。除了正確的解決步驟外，我們更搭配有淺顯易懂的插畫，讓孩童能藉由生動的圖畫中，了解危機處理的方法。

當然，這套書不盡然可以完全蓋括所有的突發狀況和解決的辦法；但儘可能提供各種方法，至於如何運用則要看當事人的熟悉度和反應了！在你的協助之下，鼓勵孩子閱讀此書，在翻開書上方法之前，先思考孩子遇到情況會怎麼做？再叮嚀孩子應對的步驟和最重要先做的事，逐一核對孩子意見和書上的異同，然後選取適合你們家庭的狀況、孩子學校的情況、再搭配孩子成熟度和能力的解決方法。

本系列書籍還可製成相關課題，如針對身體所受到的各種傷害，可以製成急救週課題：包括鼓勵孩童檢查家裡和學校醫療設備、練習急救方式、製作成有關危險陌生人或火災逃救的課題。

除了七十多種解決方法之外，本書亦有危機處理備忘錄，從每日的小細節做起，使孩童在突遇狀況時，不至於手足無措，其單元亦包括了如何做一些簡單的急救處理。

孩童完全自救手冊的立意，是要小朋友能熟知危機處理方法，而當他們身陷危險情況時，腦中就會馬上浮現解決步驟，自然能化解危機，甚至救人一命。

大都會文化事業有限公司
總經理
林敬彬 敬上

急救方法
你可能遭遇的情況

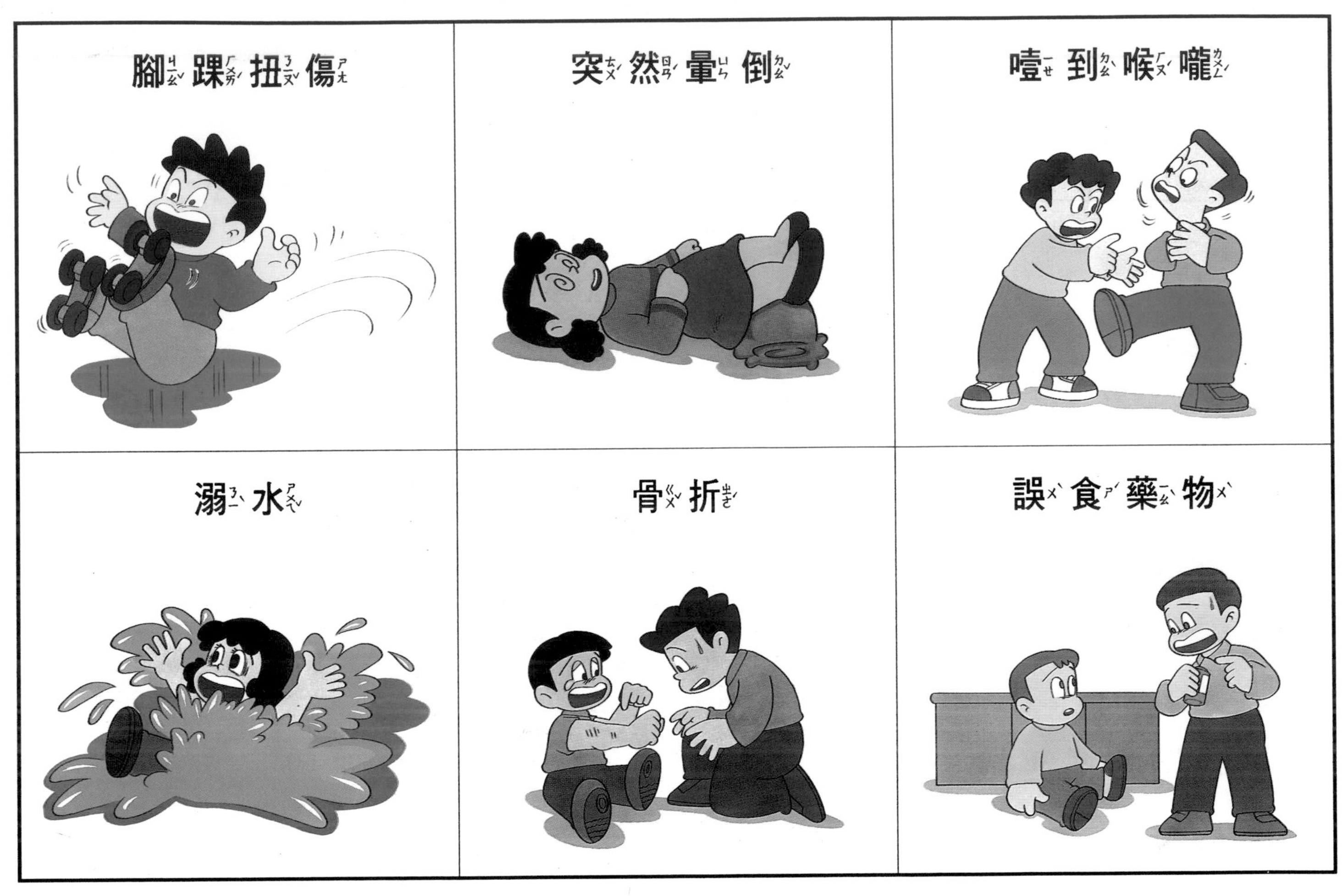

瞭解危機情況後， 先想想看你會怎麼做， 然後再閱讀本書所列的解決方法， 最後記得和你的家人共同討論。

這時候，你該怎麼辦？

—急救方法・危機處理備忘錄—

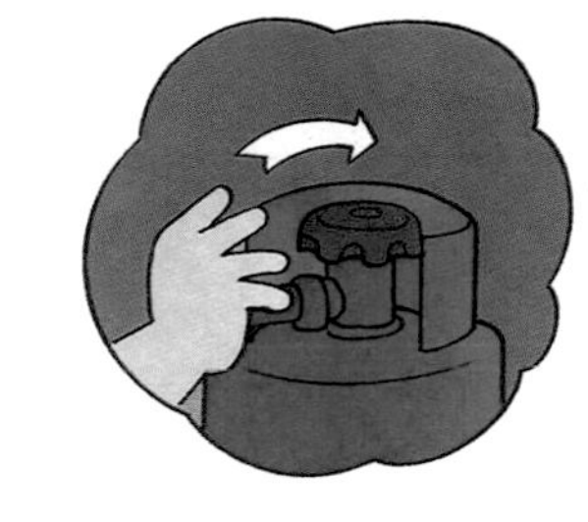

危機處理備忘錄

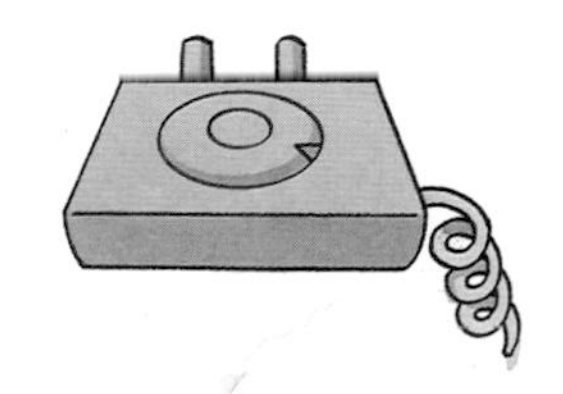

腳踝扭傷

你在公園的溜冰場溜冰，不小心跌到地上且扭傷了腳踝，覺得右腳關節刺痛。**這時候，你該怎麼辦？**

1 雖然你的右腳關節刺痛，可能骨頭還沒斷。

2 如果你可以的話，一跛一跛慢慢走回家。

3 製作一個冰袋。

4 把右腳抬高放在椅子、板凳、腳墊上或躺下來把腳放在枕頭上墊高。

5 用冰袋冰敷右腳減輕疼痛並可消腫。

6 扭傷是最難好的，儘量避免施力在右腳，少走路並用彈性繃帶固定好右腳，這樣會好的快。

注意

有時候從外觀上是無法看出是扭傷還是骨折，必須照X光才知道，所以如果你沒走路腳還是很痛，可能你是骨折了，要馬上去看醫生。

骨折

爸媽不在家，只有你和弟弟在家，弟弟不小心從樓梯上滾下來，他告訴你他的手臂很痛，你想他可能是骨折了。**這時候，你該怎麼辦？**

1. 讓弟弟保持安靜，拿一條毯子蓋在他身上使他保持溫暖。
2. 叫弟弟不要動，尤其是手臂更是不能亂動。
3. 拿冰袋冰敷他的手臂減輕疼痛與消腫，不要想自己幫他接回骨頭。
4. 弟弟覺得舒服一點後，馬上和爸媽聯絡。
5. 如果無法聯絡到爸媽，請親戚、鄰居或朋友幫忙。
6. 如果無法找到任何人幫忙，打 119 叫救護車。

注意

※ 如果骨頭斷掉刺破皮膚，且血流不止，用乾淨的布輕壓傷口止血。

※ 不要自行把骨頭推回去或清潔傷口。

※ 如果傷者是脖子、背部、臀部、骨盤骨折，千萬不要移動他。只可幫他止血，蓋毯子保持溫暖，立刻叫救護車。

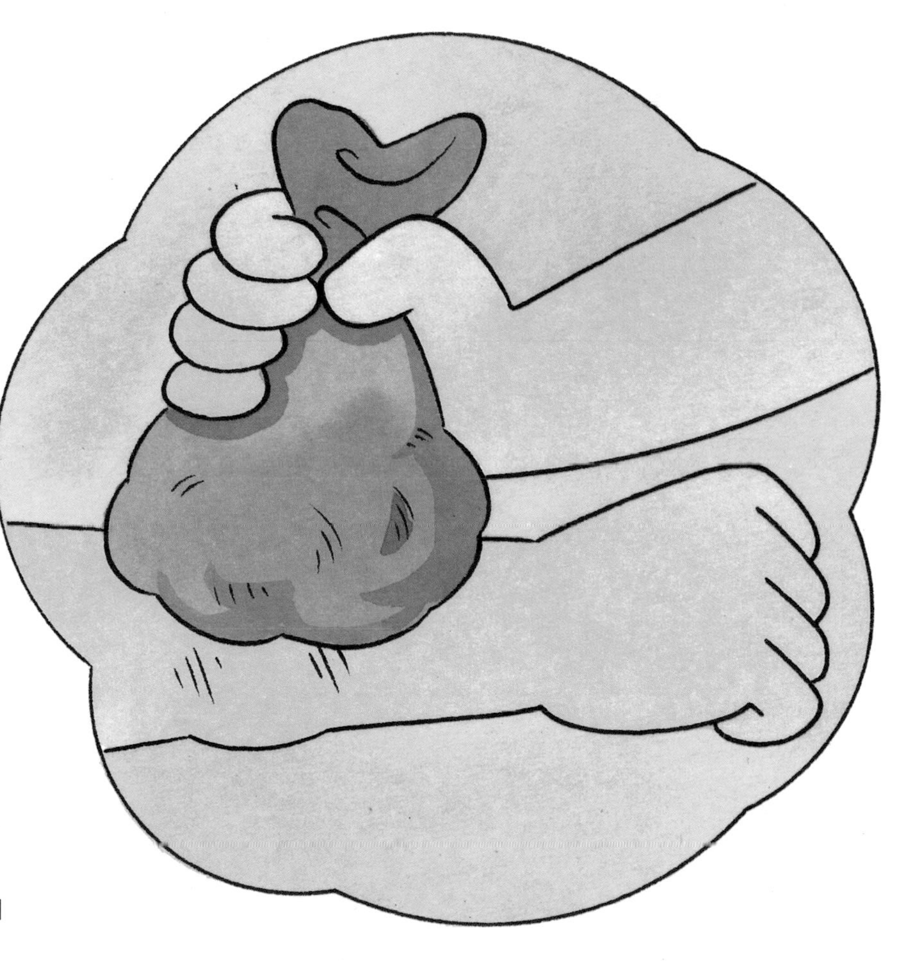

突然不舒服

晚上只有你和妹妹在家，妹妹突然哭起來，且邊哭邊咳並大吵大鬧，當你把她抱起來時發現她正在發燒。**這時候，你該怎麼辦？**

1 不要自己拿藥給妹妹吃。

2 馬上和爸媽聯絡告訴他們，妹妹在發燒，你該怎麼辦。

3 爸媽還沒回來之前，讓妹妹保持安靜，如果妹妹口渴給她喝開水。

4 看她要不要躺下休息一下，並蓋上一條小毯子保暖。

5 放冷毛巾在她額頭、手臂、小腿上降溫。

注意

人的體溫升高表示身體在對抗疾病，而發燒的原因就是身體受到感染了！降低體溫會對病人比較舒服，但是只是暫時的，如果燒不退或有其他症狀出現，要馬上去看醫生。

誤食藥物

只有你和弟弟在家，你專心在看電視節目，看完才發現弟弟不見了！你在媽媽的房間找到他，卻發現他把一整瓶的不明藥丸快吃完了。這時候，你該怎麼辦？

1. 把那個藥丸罐子留下來，這樣你的父母和醫生可以讀上面的說明，看弟弟到底吃了甚麼。
2. 打電話給醫生或119，拿著藥罐子念上面的說明給他們聽，並遵照他們給你的指示。
3. 把手指伸入弟弟嘴巴裡並壓他的舌根，讓他把吞進去的藥吐出來。
4. 119人員未到前，可以找認識的鄰居幫忙。

注意

家裡有很多東西是有腐蝕性的，如氨水、漂白水、洗潔劑、乾燥劑、鹼液、油漆和松香水。如果有人誤食這些東西，千萬不可以讓他嘔吐出來，否則身體會有更多部分受到傷害，應儘快送醫急救。

突然暈倒

週末下午姊姊收到郵差的限時掛號信，信上說她中了第一特獎——東京迪斯奈假期五日遊，結果太高興卻突然暈倒。這時候，你該怎麼辦？

1. 暈倒是一時失去意識，原因主要有過敏反應、疲勞、饑餓、過度興奮、過度悲傷……等等。
2. 讓姊姊平躺在地上，頭部放低，用枕頭、厚毛巾或毛毯墊高她的腳。
3. 如果房間內空氣不好，打開窗戶或門讓空氣流通。
4. 幫姊姊解開袖釦、腰帶使她呼吸順暢。
5. 擰一條濕毛巾放在姊姊額頭上。
6. 如果兩分鐘內姊姊還沒有清醒過來馬上打 119。

心臟病突發

你和爺爺在家，爺爺突然說他胸口痛，呼吸困難，你想爺爺可能是心臟病發作。這時候，你該怎麼辦？

1 讓爺爺坐下或躺下來。

2 如果爺爺以前曾有心臟病發作過的記錄，找出爺爺的藥，倒杯開水讓爺爺服下。

3 打 119 解釋爺爺的情況，報上詳細住址。

4 告訴爺爺救護車快來了。

5 通知爸爸媽媽發生的事。

6 陪爺爺安靜的等救護車來。

7 幫爺爺解開領帶、袖釦、皮帶使他呼吸順暢。

8 如果爺爺在流汗，用毛巾幫爺爺擦汗。

9 握住爺爺的手安撫他，等救護車來。

噎到喉嚨

你的朋友在你家吃酸梅，
不小心噎到喉嚨快窒息了。
這時候，你該怎麼辦？

1 一個人氣管被堵住時，不但不能說話，可能還會失去意識，要趕快問他讓他試著點頭或搖頭。

2 問他能不能說話，如果不能，可能氣管被堵住了。

3 如果他想咳卻咳不出來，叫他把頭低下來試試看。

4 如果還是不行，那就試試以下步驟：

△ 讓他坐在有椅背的椅子上。

△ 你站在椅子後面用雙手環繞他的胸前。

△ 一隻手握拳，另一隻手蓋住這隻手。

△ 使勁拉扯，讓你朋友肚子的氣跑上來，把酸梅吐出來。

注意

剛吐出來的人可能會有點暈眩或噁心，讓你的朋友坐下來休息一下就好了！

第40頁附圖解說明，小朋友可以互相練習看看。

溺水

你和朋友去游泳池游泳，他的妹妹一不小心掉下去且又不會游泳，而現場也沒有救生員在。這時候，你該怎麼辦？

1 趕快告訴你的朋友並大聲呼救。

2 如果她正好在池邊，伸手去將她拉上來。

3 如果你沒辦法碰到她，拿一根棍子、竹子或長毛巾將她拉上來，不要太用力扯，否則她可能會拉不住。

4 如果這個辦法不行，丟浮墊、木板或救生圈給她並叫她抓住，然後慢慢踢水划到池邊或請旁邊的大人救她

地震

爸媽去工作時，
你待在家裡看漫畫書，
突然一陣搖動，
你知道一定是地震了。
這時候，你該怎麼辦？

1. 避免被碎玻璃、重物打到，遠離窗戶、酒櫃、書架。
2. 躲到穩固的桌子或椅子下。
3. 搖動停止以後，才可以從桌子下面出來。
4. 你要檢查門窗有沒有損壞，記得要穿上鞋子保護雙腳。
5. 記得關上瓦斯、水龍頭及電源開關。

提前準備

第41頁危機處理備忘錄要隨時準備好，這樣地震來時或有其他情況發生時，才不會手足無措。

颱風

有颱風侵襲。

颱風是台灣常發生的天然災害，事前的防颱準備工作是很重要的。**這時候，你該怎麼辦？**

1 如果你住在低窪、靠近海邊的地方，快關上瓦斯，把家裡電線拉高，逃到安全的地方避難。

2 如果你要留在家裡，趕快把重要的東西搬到樓上或高處，以免萬一淹水而受到損失。

3 關上窗子！如果有需要，在窗戶上釘上夾板。

4 檢查並補充食物、急救箱，在水缸內裝滿水備用和準備好手電筒、電池、蠟燭、火柴，停電時就可使用。

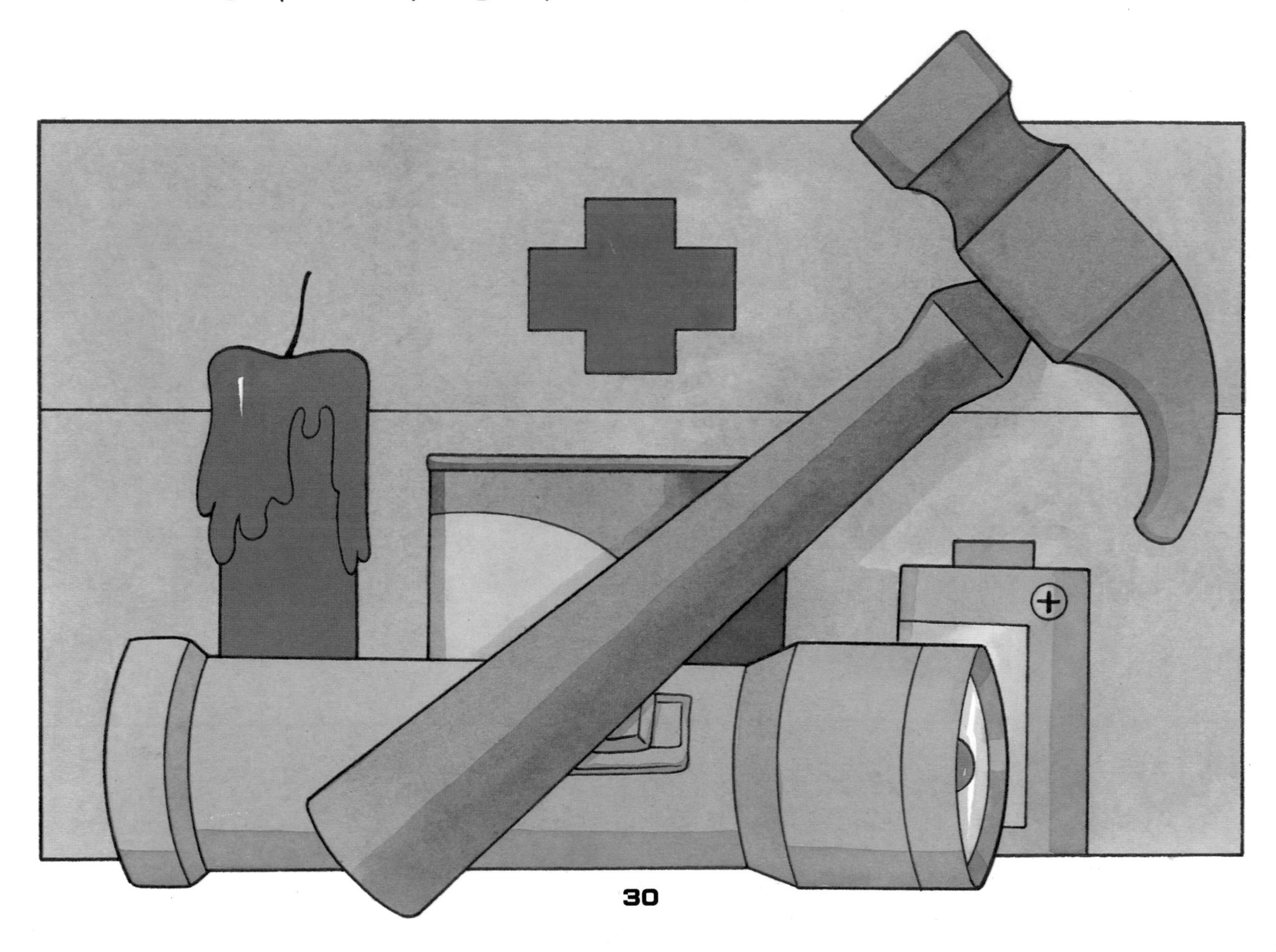

5 打開電視或收音機隨時收聽最新颱風動態。

6 直到暴風圈離開，颱風才算真正遠離，氣象局還沒解除陸上颱風警報之前，不可輕忽颱風的威力，私自跑出去玩。

颱風過後

※ 繼續收聽氣象後續報導。

※ 到外面時，要小心掉落的招牌、行道樹、工地的鷹架。

危機處理備忘錄

名單與清單

在這個部份，你會看到一份很實用的清單，可以幫助你如何應付一些突發狀況、如何避免這些狀況以及有效的處理。

把這份清單貼在冰箱門上或電話旁邊，醫藥箱裡面以及其他任何可以很容易又很方便找到的地方。常常翻閱，隨時修正以能符合時代的變遷和你家人的需求。

緊急事故電話號碼

注意：影印此張紙，寫上姓名及電話，然後再影印一次，這樣你就有足夠的清單，在每個電話旁邊各放一張，並且給每個孩子一份，要他們放在書包、皮夾或皮包裡。別忘了要隨時修定。

① 緊急事故 ____________________

② 消防隊 ____________________

③ 派出所 ____________________

④ 救護車 ____________________

⑤ 家庭醫生 ____________________

⑥ 媽媽辦公室 ____________________

⑦ 爸爸辦公室 ____________________

⑧ 祖父母的家 ____________________

⑨ 親戚家 ____________________

⑩ 熟悉的鄰居 ____________________

⑪ 父母的好友 ____________________

⑫ 瓦斯公司 ____________________

⑬ 電力公司 ____________________

⑭ 自來水公司 ____________________

⑮ 水電行 ____________________

⑯ 獸醫 ____________________

⑰ 其他： ____________________

孩子們同學的電話號碼

的同學們		
小朋友姓名	父母姓名	電話號碼

的同學們		
小朋友姓名	父母姓名	電話號碼

的同學們		
小朋友姓名	父母姓名	電話號碼

給我們褓姆的重要資訊

我們家的地址是 ______________________________

我們家的電話號碼是 ______________________________

我們上班地點的電話號碼是 ______________________________

如果以上的電話找不到我們， 你可以打

呼叫器 ____________________ 行動電話 ____________________

我們的醫生姓名是 ______________________________

電話 ____________________ 地址 ____________________

我們的近親　姓名 ______________________________

關係 ____________________ 電話 ____________________

特別指示： ______________________________

____

____

____

醫藥急救供應藥品清單

① 各種尺寸、各種大小的可貼絆帶（OK絆）

② 消毒紗布數份

③ 5公分寬繃帶一捲

④ 消炎藥水或藥膏（處理一般割傷擦傷）

⑤ 急救藥膏（處理一般皮膚痛癢）

⑥ 凡士林油

⑦ 冰袋或冰枕

⑧ 剪刀一把

⑨ 小鑷子一支

⑩ 口腔溫度計一支（量舌下溫度）

⑪ 直腸溫度計一支（量肛溫）

⑫ 量藥的小茶匙一支或小量杯一個

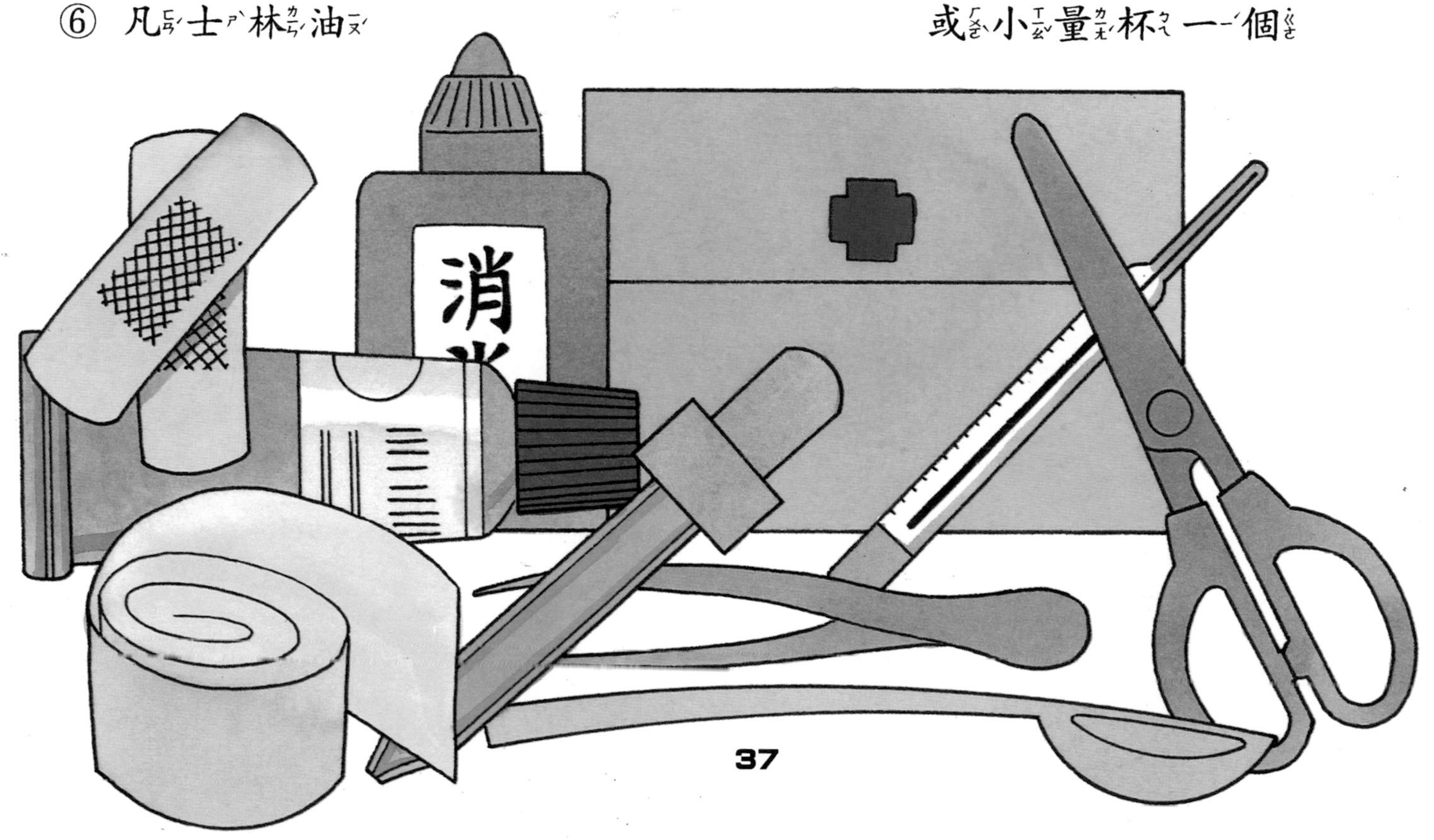

緊急狀況預防處理要點

① 將緊急事故發生時要撥的電話號碼，貼在電話旁或最容易看到的地方。

② 裝設煙霧警示器在你房子的每一層樓以及每一個臥房。

③ 常常測試煙霧警示器，以確定它們在失火時能正常運作。

④ 經常檢查煙霧警示器內的電池，是否仍有電或電線是否通電。

⑤ 如果電源有冒煙或燒焦的狀況，要仔細檢查（有可能是線接錯或者短路）。

⑥ 如果電線或牆壁插座有問題，應立即請人更換。

⑦ 迅速移開並且更換已經磨損的電器用品插頭。

⑧ 家中所有藥品、清潔劑以及其他所有有可能中毒的物品，放置在孩童拿不到的地方。

⑨ 每一層樓都請加裝堅固的欄杆，常常檢查以確保它們完好能用。

⑩ 修復或更換那些會讓人滑倒的門墊及腳墊。

緊急事故需用物品清單

① 電池
② 毛毯
③ 蠟燭
④ 開罐器
⑤ 滅火器
⑥ 醫藥急救箱
⑦ 厚的手套
⑧ 小刀
⑨ 火柴或打火機
⑩ 收音機
⑪ 工具（斧頭、掃帚、鎚子、鐵絲、老虎鉗、釘子、螺絲起子、鏟子、鋸子、絕緣膠帶）

圖解說明

① 怎樣檢查心跳？

□ 將你的食指及中指放在一個已經沒有知覺的人的脖子旁邊，慢慢往下，沿著顎骨的底部往前推進，就可以測到心跳。

② 怎樣止住手臂或腿的流血？

□ 拿一塊消毒過的紗布或是一條乾淨的手帕放在傷處，持續壓住五到十分鐘。

③ 怎樣幫助一個被食物噎到的人？

□ 讓他坐在一張有直挺椅背之椅子上，然後站在他的背後，用你的手環繞在他的胸腹交接處，以左手拳頭壓在部位上，並以右手包住左手拳頭，再用力向你的方向拉，讓你的朋友肚子的氣衝上來，把食物吐出來。

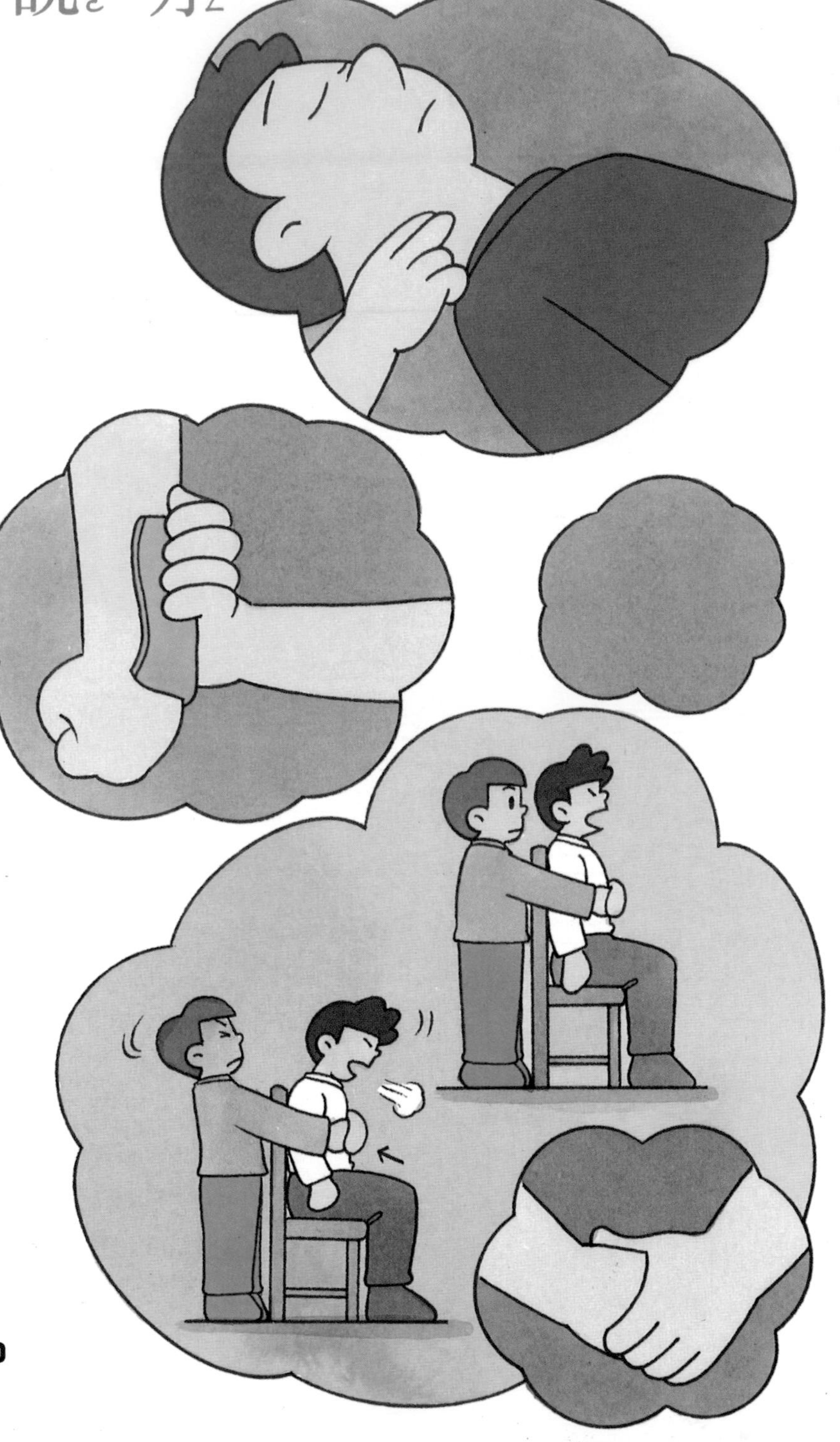

圖解說明

關閉瓦斯開關

天然瓦斯

在瓦斯計度器（錶）旁的主進氣管上，有一個主開關閥。（一般有兩種型態：A－有把手 B－無把手）

1. 用手握緊閥上手把，逆時鐘方向關上。
2. 用活動板手套上去，並向逆時鐘方向關上。

桶裝瓦斯

在鋼瓶上方有一圓型開關，以順時鐘方向旋緊，即為關閉位置。

關閉自來水開關

在主水管上通常有一個主閥，順時鐘方向旋緊即可關閉。

注意：請家長自行安排時間，帶小孩子熟悉並了解家中的瓦斯及水的主開關位置。